AF186289

DIE REIHE
Archivbilder

HECHINGEN

Blick vom Bahnhof auf die Stadt, um 1890. Links das 1868 erbaute Bahnhofsgebäude, rechts
der Stutenhof vor den großen Bränden von 1900 und 1910.

DIE REIHE
Archivbilder

HECHINGEN

Uwe A. Oster

SUTTON
VERLAG

Sutton Verlag GmbH
Hochheimer Straße 59
99094 Erfurt
www.suttonverlag.de

Copyright © Sutton Verlag, 2000

ISBN 978-3-89702-223-2

Druck: Books on Demand GmbH, Norderstedt, Deutschland

Das Titelbild zeigt Hechinger Honoratioren in der „Linde-Post", um 1895. Zweiter von rechts ist der Fotograf Hugo Daiker, von dem zahlreiche Aufnahmen in diesem Buch stammen.

Und sei sie auch nur aufgemalt: Die Burg Hohenzollern ist in Hechingen stets im Blick. Auf dem Bild von 1897 sind die Kinder von Karl Eisenmann zu sehen. Er war der Rektor der evangelischen Volksschule und Dirigent des Musikvereins.

Inhaltsverzeichnis

Dank

Dieses Buch war nur möglich, weil viele Menschen mitgeholfen haben. Ihnen allen möchte ich herzlichst danken, allen voran natürlich den im Abbildungsnachweis genannten Leihgebern der Fotografien. Darüber hinaus gilt mein besonderer Dank für die stete Unterstützung bei der Bildrecherche Helga Ciriello vom Städtischen Museum, Thomas Jauch vom Stadtarchiv, Winfried Keidel vom Fotohaus Keidel, Alf Müller von der Hohenzollerischen Heimatbücherei sowie Heinz Mayer. Ebenso geht mein Dank an alle Ortsvorsteher sowie an all jene, die mir in den Stadtteilen freundlicherweise mit Informationen behilflich waren. Für die kritische Durchsicht des Textes gilt mein Dank Otto Werner.

Danken möchte ich auch Martina und Marius, die in der Zeit des Recherchierens und Schreibens für dieses Buch viel Geduld aufbringen mußten.

Abbildungsnachweis

Fotohaus Keidel: Seite 8, 11, 12 u., 13 o., 15, 19, 23, 27, 28 u., 29, 30, 31, 32 u., 36 o., 37, 38, 39, 40, 43, 45, 46 u., 49, 50 o., 54 o., 55, 56 o., 57, 58 o., 59, 62, 64 o., 69, 72 o., 73 o., 74, 75, 77, 79 u., 80, 81 o., 83 u., 84 o., 85 o., 86 o., 89 o., 106 o., 107, 109, 127
Städtisches Museum: Seite 2, 4, 12 o., 13 u., 14, 16 o., 17, 20, 21, 26, 33 o., 35, 36 u., 41 u., 42, 44 o., 47 o., 48 u., 50 u., 51, 53, 54 u., 56 u., 58 u., 61, 63, 64 u., 65 o., 67, 68, 70, 71, 72 u., 73 u., 76 o., 78, 79 o., 81 u., 82, 83 o., 84 u., 86 u., 89 u., 90, 91 u., 92 o., 100 o., 108 u., 118 o., 123 u., 126 u.
Stadtarchiv: Seite 34 u., 76 u., 88 u., 96, 98, 99, 102, 103 o., 104 o., 106 u.
Hohenzollerische Heimatbücherei: Seite 22, 24, 25, 28 o., 32 o., 46 o., 48 o., 60, 65 u., 85 u., 87, 88 o., 91 o., 95, 97, 101
Hohenzollerische Zeitung: Seite 16 u., 34 o., 41 o., 47 u., 66 u., 93, 94, 103 u., 104 u., 105
Mayer, Heinz: Seite 18, 33 u., 44 u., 47 o., 52, 66 o., 100 u., 108 o.
Seidel, Bodo: Seite 92 u.
Gärtig, Erwin: Seite 110, 111
Ortschaftsverwaltung Bechtoldsweiler: Seite 112, 113
Beck, Werner: Seite 114 o., 117
Ermantraut, Brigitte und Franz: Seite 114 u., 115, 116
Pflumm, Eugen: Seite 118 u., 119 o.
Ortschaftsverwaltung Sickingen: Seite 119 u., 120, 121 o.
Ortschaftsverwaltung Stein: Seite 121 u., 122, 123 o.
Kleinmaier, Oskar: Seite 124, 125, 126 o.
Ortschaftsverwaltung Weilheim/Anton Wolf: Seite 128
Die Bilder auf Seite 126 sind im Heimatmuseum Stetten (Franz Buckenmaier) ausgestellt.

Vorwort des Bürgermeisters

„Ich mußte endlich umkehren. Mir schwindelte, ganz physisch genommen, als sähe ich bald gewaltige Höhen hinauf, bald unergründliche Tiefen hinab bei dem Blicke auf Vergangenheit und Gegenwart, und es war mir fast, als wäre ich aus der Welt, draußen, gestorben gewesen und wäre wieder zurückgekehrt und sähe Alles. (...) Es war ein frischer belebter Tag mit einem vollgerüttelten Maß an Erweckungen."

Mit diesen gefühlsbetonten Worten schloß der jüdische Schriftsteller Berthold Auerbach seinen Bericht über einen Tagesausflug nach Hechingen im Jahre 1873 – 40 Jahre nach seinem letzten Besuch. In weniger als einem halben Jahrhundert war seine Erinnerung an Hechingen vom Zeitalter der Maschinen überlagert worden. In das Gebäude der Talmudschule, die er als Jugendlicher in den Jahren von 1825 bis 1827 besucht hatte, war die Baruchsche Textilfabrik eingezogen: „Da, wo ich geschlafen hatte, ist jetzt eine Maschine aufgestellt, und in unserm Studierzimmer drehen sich die Spindeln." An der Stelle der Baruchschen Fabrikgebäude befindet sich heute das Parkdeck Münzgasse.

Wandel, sei es auf gesellschaftlicher oder auch auf städtebaulicher Ebene, wird im Alltag oft nicht bewußt oder nur beiläufig wahrgenommen. Erst die Erinnerung über Jahre oder Jahrzehnte hinweg erschließt Veränderungen. Das Medium für diese Erinnerungen ist vor allem das Bild, sei es ein wirkliches, greifbares oder auch nur das, welches sich in Gedanken visualisiert. Uwe A. Oster, dem Autor des vorliegenden Buches, gebührt das Verdienst, durch eine repräsentative Auswahl von Fotografien über 80 Jahre Hechinger Geschichte „erschaubar" gemacht zu haben.

Der Zeitraum von 1880 bis 1960 erfaßt dabei mit dem Kaiserreich, der Weimarer Republik, dem Nationalsozialismus sowie der Nachkriegsgeschichte mit der Gründung der Bundesrepublik Deutschland sowie dem Land Baden-Württemberg bewegte Zeitläufe auch für Hechingen.

Während des größten Teils dieses Zeitraums, nämlich bis 1945, war Hechingen preußisch – der letzte regierende Fürst von Hohenzollern-Hechingen, Friedrich Wilhelm Konstantin, hatte im Zuge der Revolution 1848/49 das Fürstentum an Preußen abgetreten. Dies führte zu einem in der Rückschau verwunderlichen Miteinander nahezu unvereinbarer Gegensätze: Die alte, katholische Residenzstadt, geprägt vom Nebeneinander des fürstlichen Hofes und der landwirtschaftlich und handwerklich ausgerichteten Bürgerschaft, war nunmehr konfrontiert mit dem preußischen, protestantischen Beamtentum und der ebenfalls unter preußischer Herrschaft begonnenen Industrialisierung, getragen größtenteils durch jüdische Textilunternehmer.

Während der Weimarer Republik blieb auch Hechingen nicht unberührt von den politischen, sozialen und wirtschaftlichen Problemen der Zeit. Arbeitslosigkeit und Wohnungsnot, insbesondere der Arbeiterschaft, waren an der Tagesordnung.

Der Nationalsozialismus führte zur Vertreibung und Ermordung der Hechinger Juden, die „Arisierung" der jüdischen Textilbetriebe bedeutete einen Bruch in der wirtschaftlichen Entwicklung der Stadt. Die in der Reichskristallnacht im Innern zerstörte Synagoge ist heute ein wieder mit Leben erfülltes „Denkmal" für die ehemaligen jüdischen Bewohner Hechingens.

Nach dem Zweiten Weltkrieg hatte Hechingen einen drastischen Bevölkerungsanstieg zu verkraften: Von 5.500 Einwohnern im Jahre 1939 (1880: 3.687 Einwohner) stieg deren Anzahl auf 9.925 im Jahre 1960, darunter rund 4.000 Vertriebene und Flüchtlinge, von denen 218 immer noch im Lager im Weiher wohnten. Es wurde aber auch in den Nachkriegsjahren gefeiert: 1949 das erste Kinderfest nach dem Krieg, 700 Jahre Stadt Hechingen im Jahre 1955, und 1958 konnte das neu erbaute Rathaus eingeweiht werden.

Die kommentierte Bilderwelt des vorliegenden Bandes dokumentiert zahlreiche Aspekte des öffentlichen und des Alltagslebens. Bauliche Entwicklung, Arbeit und Bildung, Feste und Feiern und die Geschichte der Hechinger Vereine sind Themen des Buches, auch die 1972 im Zuge der Gemeinereform mit Hechingen zu einer Gesamtstadt vereinigten Gemeinden sind berücksichtigt.

Die Entwicklung Hechingens in der Zeit von 1880 bis 1960 hat mehr als nur Spuren hinterlassen. Die Stadt hat ihr Gesicht geändert, ihre gesellschaftlichen, wirtschaftlichen und baulichen Strukturen erweitert – auch wenn vieles gleich geblieben ist. Somit steckt der Wert des Buches auch in der Möglichkeit des Vergleichs. Ein Spaziergang durch die Stadt mit diesem in der Tasche müßte die Zeit fließen lassen: von der Gegenwart zurück in die Vergangenheit und darauf aufbauend visionär in die Zukunft.

Der Historiker und gebürtige Hechinger Uwe A. Oster hat ein Buch erarbeitet, das einen wertvollen Beitrag zur Hechinger Geschichtsschreibung darstellt und das auch, dessen bin ich mir sicher, eine gute Verbreitung finden wird. Ein spannender „Bilderbogen" für alle, die an Hechingen und seiner Geschichte und auch an seiner Zukunft interessiert sind. Viele werden Altbekanntes und Verschwundenes entdecken, aber auch für junge Hechinger oder Neubürger wird es spannend sein, die Entwicklung unserer Stadt seit dem Ende des 19. Jahrhunderts im Bild nachzuvollziehen, und auch für den Unterricht an den Schulen kann es von Nutzen sein.

Besonders freue ich mich darüber, daß auch die Stadt Hechingen aus den Beständen des Städtischen Museums, des Stadtarchivs und der Ortschaftsverwaltungen zahlreiche Bildvorlagen bereitstellen konnte. Allen, die zum Gelingen des Buches beigetragen haben, dem Autor, den Leihgebern und Informanten und nicht zuletzt dem Sutton Verlag, der das Werk in seine Reihe „Archivbilder" aufgenommen hat, gilt mein herzlicher Dank.

Den Lesern bzw. Betrachtern wünsche ich aufschlußreiche Unterhaltung während der literarisch-fotografischen Entdeckungsreise durch die Hechinger Geschichte.

Jürgen Weber
Bürgermeister

Vier Rathäuser in nicht einmal 100 Jahren – das ist rekordverdächtig. Für viele Hechinger ist der zwischen 1885 und 1887 errichtete Neorenaissancebau von Wilhelm Laur das Schönste. Es handelte sich allerdings um keinen kompletten Neubau. Laur setzte dem alten Rathaus von 1815 einen neuen Südgiebel vor, erhöhte diesen Teil um ein Stockwerk und verzierte die Schaufront mit Türmchen und Erkern.

Einleitung

Man mag es heute kaum glauben: Die Hechinger Jahrmärkte waren 1903 so beliebt, daß die Klein-bahn – die spätere Hohenzollerische Landesbahn – Sonderzüge vom Killertal her einsetzen mußte. Die Achse vom Bahnhof über Herrenackerstraße und Staig hinauf zum Markt- und Obertor-platz war in dieser Zeit die Einkaufsmeile, von der in der Zollernstadt heute so gerne geträumt wird. Die Vielzahl der Geschäfte spiegelt sich in den Fotos dieses Bandes.

Wie war die politische und wirtschaftliche Situation Hechingens in der Zeit, in der die Bilder dieses Bandes entstanden, also zwischen 1880 und um 1960? Im Jahre 1850 war die Zeit Hechingens als Residenzstadt abgelaufen. Fürst Friedrich Wilhelm Konstantin von Hohenzollern-Hechingen hatte sein Land an Preußen abgetreten. Seine letzten Lebensjahre verbrachte der Fürst auf seinen Gütern in Schlesien.

Man sollte eigentlich meinen, daß dieser Verlust des Fürstenhofes die Stadt in ihrer Ent-wicklung beeinträchtigt hätte. Doch das Gegenteil war der Fall: Hechingen begann in atem-beraubendem Tempo, die verkrusteten Strukturen aus fürstlicher Zeit hinter sich zu lassen. Dies gilt nicht zuletzt für die Industrialisierung. War Hechingen zuvor noch eine reine Beamten- und Handwerkerstadt, so brachte die Textilindustrie, vor allem dank der Initiative jüdischer Bürger, zahlreiche neue Arbeitsplätze. Viele Menschen aus den Dörfern der Umgebung kamen zur Arbeit nach Hechingen – am frühen Morgen machten sie sich oft zu Fuß auf den Weg.

Nichtsdestoweniger blieb Hechingen auch in preußischer Zeit als Sitz von Oberamt und Justizbehörden ein wichtiges Behördenzentrum und behielt seine Funktion als Einkaufsstadt für die nahe Umgebung. Der Anschluß an die Eisenbahn förderte diese Entwicklung noch einmal beträchtlich.

Stolz präsentierte sich Hechingen zu Kaisers Zeiten als „des Reiches älteste Zollernstadt". Die Zugehörigkeit zu Preußen wurde vor 1918 nie in Frage gestellt, selbst wenn es aufgrund der Men-talitätsunterschiede zwischen Schwaben und preußischen Beamten mehr als einmal zu sprach-lichen und anderen Mißverständnissen kam. Die vor 1914 entstandenen Fotos wirken denn auch ein wenig wie Erinnerungen an die viel beschworene „gute, alte Zeit", die mit dem Ausbruch des Ersten Weltkrieges jäh zu Ende ging. Ein Bild von der Verabschiedung Hechinger Reservisten erinnert daran – wieviele von ihnen wohl nicht zurückgekehrt sind?

Die Verbindung zu Preußen blieb nach 1918 bestehen, auch wenn manche „großschwäbisch" denkende Heißsporne vor dem Oberamtsgebäude lautstark „Ra mit dem schwarze Vogel" skan-dierten, womit sie den Preußenadler meinten. Doch der blieb oben, bis 1945. Nun gab es kein Preußen mehr, und Hechingen war fortan Teil des Landes Württemberg-Hohenzollern, seit 1952 gehört die Stadt zu dem neu geschaffenen Bundesland Baden-Württemberg.

Das Dritte Reich hatte auch für Hechingen katastrophale Auswirkungen – nicht zuletzt durch die Zerstörung des blühenden jüdischen Lebens. Manchen gelang es zu emigrieren, die Deportierten wurden in den Konzentrationslagern der Nationalsozialisten ermordet. Auch an den Fronten des Zweiten Weltkrieges starben viele junge Hechinger. Immerhin hatte die indu-striell unwichtige Kleinstadt das Glück, von Bombenangriffen weitgehend verschont zu werden. So blieb das über Jahrhunderte gewachsene Stadtbild erhalten.

Erst die Modernisierungsbestrebungen der fünfziger und sechziger Jahre führten in der Stadt zu nicht immer gelungenen Veränderungen. Doch bis heute ist die Architektur geprägt von dem eher herben Klassizismus der Weinbrenner-Schule. Man kann nur hoffen, daß die Stadt ihre noch vorhandene alte Bausubstanz bewahrt und nicht gesichtslose Neubauten die Stelle der markanten Häuser aus früheren Zeiten einnehmen.

Der vorliegende Band ist in drei Teile gegliedert. Auftakt ist ein visueller Spaziergang durch das alte Hechingen – vom Bahnhof durch die ganze Unterstadt, die Staig hinauf, zum Marktplatz und zum Obertorplatz. Von hier geht es weiter durch das einstige sogenannte Zylinderviertel mit der Villa Eugenia und den Villenbauten Wilhelm Friedrich Laurs zur Burg Hohenzollern. Die steht zwar nicht auf Hechinger Gemarkung, ist aber mit der Geschichte der Stadt so untrennbar verbunden, daß sie in dieses Buch unzweifelhaft hineingehört. Nach diesem kurzen Abstecher zur Burg geht es wieder zurück in die Stadt: Über die Neubaugebiete Fasanengarten und Schloßberg geht der Spaziergang weiter zum Schulzentrum am Tobel, schließlich zum Schloß Lindich und zum Martinsberg. Bewußt sind bei diesem Spaziergang nicht nur die Gebäude zu sehen, sondern – wo möglich – auch die Menschen, die sie einst belebten: Passanten, Handwerker, Arbeiter, Hechinger Bürger an den Stammtischen der Wirtshäuser oder beim Badevergnügen im alten Schwimmbad.

Im zweiten Teil dreht sich alles um Feste und Vereine, wobei der Schwerpunkt auf der Fasnet und dem Irma-West-Kinder- und Heimatfest liegt – den beiden zentralen Festveranstaltungen im Hechinger Jahreslauf. Alte Aufnahmen aus der Zeit noch vor 1900 und aus den zwanziger Jahren zeigen wahre Menschenmassen, die sich an den närrischen Tagen in der Stadt drängten. Die aufwendig gefertigten Umzugswagen und manche Kostümelemente lassen Anklänge an den rheinischen Karneval inmitten schwäbisch-alemannischer Tradition erkennen. Das Kinderfest wiederum, entstanden aus der Stiftung des nach Amerika ausgewanderten Hechingers Friedrich Wiest (Fred West), hat sich – das zeigen zahlreiche Bilder begeisterter Kinder – schnell zum beliebtesten und stimmungsvollsten Fest in der Zollernstadt entwickelt. Allerdings mußten die ersten Kinderfeste im Schatten des Dritten Reiches stattfinden, und so konnte der Wunsch Fred Wests, ein Fest für die Kinder aller Schichten und Religionen zu stiften, erst nach dem Zweiten Weltkrieg verwirklicht werden. Heute wäre Fred West jedenfalls stolz auf das, was sich alljährlich zu Ehren seiner jung verstorbenen Tochter Irma unter dem Zoller abspielt.

Der dritte Teil des Bandes schließlich ist den Stadtteilen gewidmet, die seit den siebziger Jahren zu Hechingen gehören, aber allesamt ihren eigenen Charakter bewahren konnten: Bechtoldsweiler, Beuren, Boll, Schlatt, Sickingen, Stein, Stetten und Weilheim.

1

Ein Spaziergang durch das alte Hechingen

Aus dem Häusergewirr der Oberstadt erhebt sich markant der hohe Turm der Stiftskirche, im Hintergrund thront die Burg Hohenzollern. An dieser eindrucksvollen Silhouette hat sich in den vergangenen 100 Jahren nur wenig geändert. Im Vordergrund die Gleisanlagen am Hechinger Bahnhof, um 1900. Die Strecke zwischen Tübingen und Hechingen wurde im Juni 1869 in Betrieb genommen, die Weiterführung nach Balingen am 1. August 1874.

Bau der Eisenbahnbrücke bei der Walkenmühle, um 1873/74.

Gewöhnliche Reisende? Pendler zur Arbeit? Weit gefehlt: Die Männer sind Reservisten, die im August 1914 eingezogen wurden. Zu ihrer Verabschiedung wurden „vaterländische Kundgebungen" veranstaltet – und Erinnerungsfotos geschossen.

Mit der Eröffnung der Killertalbahn nach Burladingen am 17. März 1901 wurde die Postkutsche überflüssig. Noch am selben Tag brach sie, vor dem Postgebäude feierlich verabschiedet, zu ihrer letzten Fahrt auf.

Das Bahnhofshotel „Zum Löwen" wurde 1927/28 erbaut. Heute befinden sich in dem Gebäude die Löwen-Apotheke und ein Textilgeschäft. Die Aufnahme stammt aus dem Jahre 1935.

Straßenbau per Handarbeit in der Bahnhofstraße, Anfang der dreißiger Jahre. Im Hintergrund das 1926 eröffnete Elektrogeschäft von Hans Schäfer, das seit 1938 am Rain seinen Sitz hat.

Für Hechingen ein äußerst ungewohntes Bild: Im Juni 1926 trat die Starzel über die Ufer. Das Wasser drückte selbst in der höher gelegenen Bahnhofstraße, wo dieses Bild entstand, aus den Kanalschächten.

Nach der Auflösung des Klosters St. Luzen wurde dessen Brauerei von der fürstlichen Herrschaft übernommen und 1872 an ein Stuttgarter Konsortium verkauft, das fortan unter dem Namen Württembergisch Hohenzollerische Brauerei-Gesellschaft firmierte, heute Stuttgarter Hofbräu. Aufnahme um 1890.

Die Brauerei St. Luzen in ihrer Blütezeit vor dem Ersten Weltkrieg. Im Jahre 1930 wurde der Brauereibetrieb jedoch stillgelegt, erhalten blieb lediglich ein Bierdepot. Heute ist von den Brauereibauten, außer dem Gebäude rechts vorne, nichts mehr erhalten. Dafür ist das auf dieser Aufnahme fast verdeckte Klostergebäude wieder ein Schmuckstück.

Schon seit 1847 wurde im Prinzling gebadet. Die erste öffentliche Badeanstalt wurde im Juli 1888 eröffnet, seit 1897 durften auch Frauen und Mädchen dem kühlen Naß frönen. Im Winter diente die gefrorene Wasserfläche als Eisbahn. Die Aufnahme entstand um 1920.

Auch im Juli 1964 war die Hechinger Badeanstalt zwar qualitativ weit entfernt von den Freibädern unserer Tage, doch alte Hechinger schwärmen noch immer von den Zeiten des Badevergnügens im Prinzling. In den siebziger Jahren war damit endgültig Schluß: Am 10. Mai 1975 eröffnete das neue Hallen- und Freibad im Weiher.

Die Lehrer Ludwig Rumpel (1868–1939) und Karl Eisenmann (1863–1925) von der evangelischen Volksschule im Schwimmbad.

Das Armenhaus in der Gammertinger Straße ging auf eine Stiftung der Fürstin Eugenie zurück. Der ursprüngliche Bau stammt aus den Jahren 1851/52. Das Gebäude wurde 1926 aufgestockt und um einen Flügel erweitert. Seither war dort das Städtische Altersheim untergebracht. Die Aufnahme zeigt das Gebäude vor dem Umbau.

Ein Auto war auch 1930 noch etwas Besonderes. Eine Szene vor dem Gasthaus „Traube" in der Herrenackerstraße.

Stammtisch im Gasthaus „Traube", 1930. Von links nach rechts gesehen, hinten: Stadtknecht, Hugo Mayer; vorne: Wirt Georg Beck, Adolf Laub, die Kellnerin, Bäckermeister Richter, Viktor Held und Jakob Beck.

Blick in die noch unbefestigte Herrenackerstraße. Rechts die Wagenfabrikation und Hufschmiede von Anton Wild, links das Krankenspital, von Dr. Cajetan Koller 1835 als Schwefelbad eröffnet. Doch der Traum von der Kurstadt währte nur kurz. Bereits 1863 wurde im Gebäude des Schwefelbades ein Krankenhaus eingerichtet, heute Alten- und Pflegeheim St. Elisabeth. Aufnahme um 1910.

Der untere Abschnitt der Herrenackerstraße mit Blick auf die Stiftskirche und den Unteren Turm, vor 1958.

Da die meisten alten Brunnen der Stadt gegen Ende des 19. Jahrhunderts abgebrochen wurden, dürfte diese Aufnahme der Ecke Hospitalstraße/Herrenackerstraße kurz zuvor – um 1890 – entstanden sein. Im Hintergrund der bereits 1705 erwähnte „Sternen", eines der ältesten Gasthäuser der Stadt.

Das Pfründehospital, von den Hechingern kurz „Spittel" genannt, gründete Graf Eitel Friedrich I. im Jahre 1602 für betagte fürstliche Bedienstete.

Verträumter Blick in den Reichenbach, Szene „Hinter dem Ochsen", 1954. Im Hintergrund die 1603 erbaute Hospitalkirche, im Volksmund „Spittelkirche" genannt.

Blick von der Pfannenbrücke auf die Starzel, links die Schadenweiler-, rechts die Gutleuthausstraße. Die Aufnahme stammt wahrscheinlich aus den dreißiger Jahren.

Altes Bauernhaus in der Schadenweilerstraße, 1938.

Die barocke Nepomuk-Skulptur fertigte Johann Georg Weckenmann um 1755. Die Aufnahme zeigt sie noch an ihrem ursprünglichen Standort auf der Johannesbrücke (bis 1926). Heute gehört die Plastik zu den Schätzen des Städtischen Museums.

Über die Johannesbrücke kam schon Johann Wolfgang von Goethe in die Zollernstadt. Links die Säulen des Brückenhäuschens von 1835, in der Bildmitte die Skulptur des heiligen Nepomuk von Professor Josef Henselmann, die 1931 die alte Weckenmann-Figur ersetzte. Jenseits der Brücke das 1938 von der Gutleuthausstraße an die Johannesbrücke verlagerte Schuhhaus Weith.

Die Firma Aviona-Koblenzer an der Staig bzw. Runkellenstraße gehörte zu den traditionsreichsten Hechinger Textilunternehmen. Die erste Fabrik an dieser Stelle gründete die ursprünglich bei Stuttgart beheimatete Firma J. Heilbronner & Söhne 1853. In den folgenden Jahrzehnten hatte das Unternehmen eine sehr wechselvolle Geschichte. Hier ein Blick in den neuen Stricksaal, 1967.

Wenn die Mütter arbeiteten, mußten die Kinder versorgt sein: So kam es zur Einrichtung der Betriebskindergärten. Hier eine Aufnahme aus der Aviona vom Februar 1965.

Kreationen made in Hechingen: Modenschau bei der Firma Aviona-Koblenzer, Oktober 1960.

Von einer derart belebten Staig können die Hechinger Stadtväter heute nur träumen, um 1910.
Als Fußverbindung vom Bahnhof in die Oberstadt war die Staig eine wichtige Einkaufsstraße –
lang ist es her. Links, mit der Markise, die 1907 eröffnete Gemüse-, Obst und Samenhandlung von
Karl Frank, heute Fahrschule, rechts das Ladengeschäft von Joseph Baur, seit 1887 an der Staig.

Um 1912 muß diese alte Aufnahme von
der Wagnerei Hausch entstanden sein.
Stallungen und Scheuer sind bereits in
Arbeitsräume umgebaut. Das Geschäft
wurde von Johann Hausch im Jahre 1966
aus Altersgründen geschlossen.

Nur noch Geschichte: Die Häuser, die auf diesem Bild zu sehen sind, existieren allesamt nicht mehr. Die Wagnerei Hausch an der Staig, links, wurde ebenso abgerissen wie die beiden Häuser in der Oberen Mühlstraße, rechts.

Glück im Unglück hatten die Fahrgäste des Hechinger Stadtbuses, der regelmäßig vom Bahnhof in die Oberstadt und zurück pendelte, bei diesem Unfall auf der Schützenbrücke im Jahre 1913.

So romantisch wirkt die heute viel befahrene Schützenbrücke – Blick von der Hospitalstraße – nur noch selten. Rechts zwischen den Bäumen die alte Milchzentrale.

Die Lange Stiege verbindet die Obere Mühlstraße mit der Staig. Schon 1861 wird berichtet, daß die Holzkonstruktion „von Grund auf" erneuert worden sei. Die Aufnahme von 1960 zeigt die Vorgängertreppe der heutigen Langen Stiege.

Das von dem Weinbrenner-Schüler Burnitz 1819 errichtete Neue Schloß wurde im Inneren nie fertiggestellt. Im Jahre 1880 kaufte die Spar- und Leih-Kasse der Hohenzollerschen Lande das klassizistische Gebäude und richtete dort eine Filiale ein. Aufnahme von 1904.

Das Alte Schloß, ein verputzter Fachwerkbau aus dem 18. Jahrhundert, diente den unterschiedlichsten Zwecken: Prinzessinnenpalais, fürstliche Kanzlei, Lateinschule, Wohn- und Lagerhaus, Rathaus ... Heute haben hier die Städtischen Museen ihren Sitz. Verschwunden ist die Loggia vor dem linken Portal, sie wurde 1939 abgebrochen. Das Haus ganz links diente als Rentamt und Wache. 1881 erwarb es der Landgerichtsrat Adolf von Kleinsorgen. Aufnahme um 1900.

Blick in die Schloßstraße. Im Vordergrund der später als Lager genutzte, frühere Fruchtkasten mit seinem markanten fränkischen Fachwerk, um 1950.

Hochzeitsfoto vor dem Neuen Schloß: Am 24. August 1908 gaben sich Gertrud Schmid, die Tochter des Domänenrats Schmid, und der Leutnant Wilhelm Schmidt aus Konstanz das Ja-Wort in der Zollernstadt. Die Hochzeitsgäste gehören allesamt zur „guten Hechinger Gesellschaft". Zweiter von links in der mittleren Reihe ist der damalige Bürgermeister Anton Häusler; vierter von rechts in der hinteren Reihe der Gymnasialdirektor Friedrich Seitz.

Noch mit dem schönen alten Wirtshausschild war der „Mohren" in der Schloßstraße vor 1930 ausgestattet. Das Haus daneben gehörte einst Jakob Kaulla aus der berühmten Bankiersfamilie. Es ist das Geburtshaus von Elsa Einstein, der zweiten Ehefrau von Albert Einstein.

Der Zufahrt zum Parkdeck mußte das mittlere dieser drei Häuser (Schuhmacher Bosch/Strobel) weichen. Rechts das heutige Elektrogeschäft Schairer & Schick, das um 1800 erbaute linke Haus war ursprünglich im Besitz von Isaak und Simon Hochstädter. Von 1935 bis 1963 war dort die AOK untergebracht. Aufnahme um 1960.

Im Hof der Schreinerei und Glaserei Hirschauer in der Münzgasse, um 1910.

Die Talmudschule, auf dem heutigen Parkdeck in der Münzgasse gelegen, ging auf eine Stiftung der Geschwister Jakob und Karoline Kaulla von 1803 zurück. 1855 ging das Gebäude der vier Jahre zuvor aufgelösten Stiftung in den Besitz von Benedikt Baruch über, der darin Fabrikräume einrichtete. 1936 erwarb die Stadt das Haus, im Mai 1937 wurde es abgebrochen. Aufnahme um 1936/37.

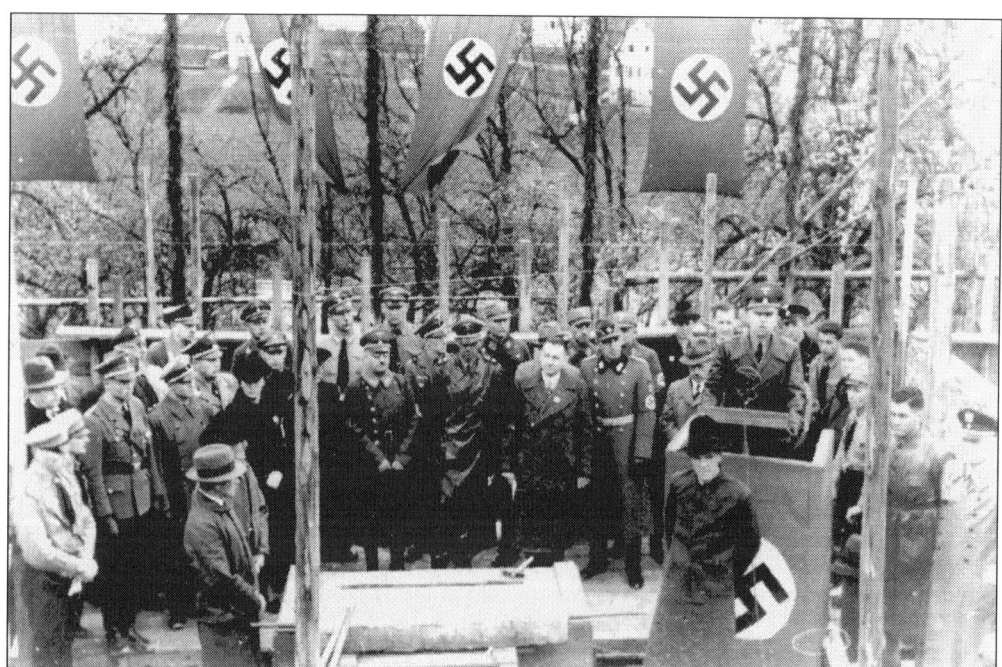

Grundsteinlegung für das Hitler-Jugend-Heim in unmittelbarer Nähe der abgebrochenen Talmudschule (!) am 30. April 1939. Aufgrund des Kriegsausbruchs konnte nur der Rohbau fertiggestellt werden und die HJ dort also nie einziehen. Erst nach dem Krieg wurde das Gebäude fertiggestellt. Heute haben darin die Volkshochschule und die Stadtbücherei ihren Sitz.

Nur das Wirtshausschild hat die Zeit überdauert: Die „Krone", erbaut 1678, mußte 1937/38 einem Neubau, heute Fotohaus Keidel und Textil Teichmann, weichen. Das Wirtshaus hatte bereits 1920 seine Pforten geschlossen. Im Jahre 1861 fanden dort noch sage und schreibe 86 Tanzunterhaltungen und Hochzeiten statt.

Schneeräumen und nachbarlicher Plausch in der Marktstraße. Rechts das Friseurgeschäft Moosbrugger, vorne rechts das 1877 gegründete Gasthaus „Fecker". Die Aufnahme stammt aus den fünfziger Jahren.

So sah der Marktplatz in den Jahren von 1815 bis 1885 aus. Das Rathaus, das in dieser Zeit bestand, mutet für eine einstige Residenzstadt eher bescheiden an.

Romantische Winterstimmung an der Rückfront des Rathauses, um 1939.

Vor 1894 entstand diese Aufnahme des Hechinger Marktplatzes, denn in dem Jahr wurde der alte Marktbrunnen abgebrochen.

Rund 11.000 Besucher kamen 1899 zur großen Hohenzollerischen Gewerbeausstellung in die Zollernstadt. 172 Aussteller zeigten vom 23. September bis 2. Oktober ihre Produkte. Angeschlossen war auch eine landwirtschaftliche Ausstellung. An das Rathaus wurde eigens eine Festhalle angebaut.

Im Jahre 1768 entstand der Nordgiebel des Rathauses, eine eindrucksvolle Fachwerkkonstruktion aus Eichenholz. Dieser Nordgiebel überstand alle Umbauten des Rathauses (1815, 1885, 1934) – erst beim kompletten Neubau 1958 wurde er abgerissen. Gegenüber dem Rathaus das Gasthaus „Zum Frohsinn", die spätere „Ratsstube". Aufnahme vor 1928.

Im Jahre 1934 entfernte Professor Paul Schmitthenner die Zierarchitektur des Rathauses und ersetzte die Neorenaissancefront durch eine äußerst schmucklose und „sachliche" Fassade.

Der Hechinger Marktplatz Anfang der fünfziger Jahre. Im Hintergrund das Rathaus nach dem Umbau von Paul Schmitthenner im Jahre 1934, das von den Hechingern liebevoll-despektier- lich „Schafstall mit Heuaufzug" getauft wurde.

Krämermarkt vor dem Rathaus, um 1935.

Winterstimmung auf dem Marktplatz, vor 1958.

Nach den Umbauten der Jahre 1815 bis 1934 entschied sich der Stadtrat Mitte der fünfziger Jahre für einen kompletten Neubau des Rathauses. So wurde zunächst der gesamte alte Bau abgetragen. Der Blick in die imposante Baugrube zeigt die extreme Steillage des Standortes in Richtung Norden, die bei den Vorgängerbauten immer wieder für statische Probleme gesorgt hatte.

Im Unterschied zu vielen anderen Bauten der fünfziger Jahre kann der Rathausneubau von 1958 nur als gelungen bezeichnet werden. In seinen neoklassizistischen Formen paßt er gut in das architektonische Gesamtgefüge der Stadt. Architekt war, wie schon beim Umbau von 1934, Professor Paul Schmitthenner.

Am 20. Juni 1899 kamen Fürst Leopold und Fürstin Antonia von Hohenzollern-Sigmaringen in die Zollernstadt. Seit dem Aussterben der Hechinger Linie im Jahre 1869 fühlten sich die Sigmaringer Vettern mitverantwortlich für deren einstigen Landesteil. Die Bürger bereiteten dem Fürstenpaar, das zwei Wochen in der Villa Eugenia wohnen blieb, einen begeisterten Empfang.

Dieser junge Seiltänzer wagte sich vor dem Rathaus gar ohne Netz in die Lüfte, vor 1906.

Seiltänzer mit umgehängtem Tisch auf dem Marktplatz, vor 1906. Im Hintergrund das Manu-
faktur-, Kurz- und Wollwarengeschäft P.C. Mayer.

Von 1910 bis 1943 hatte das Tübinger Kaufhaus Euler eine Filiale am Hechinger Marktplatz, heute Bürobedarf Biedermann.

Schreibwarengeschäft von Hermann Daiker am Marktplatz, heute „Glufamichel", daneben die Wirtschaft und Bäckerei „Zum Lamm". Im Jahre 1962 schloß die Wirtschaft ihre Pforten, die Bäckerei ist bis heute im Besitz der Familie Basso. Aufnahme um 1930.

Blick von der Frauengartenstraße zum Kirchplatz, vor 1900. Links, wie ein Gebäude wirkend, das frühere, auch als Realschule und Höhere Töchterschule genutzte Obertorhaus, daneben das alte Pfarrhaus, das 1780 für den Kaufmann Kaspar Carry mit Steinen der alten Stiftskirche erbaut wurde. Rechts hinter der markanten Litfaßsäule das Hotel „Rad".

Das Haimbsche Haus, auf dem heute unbebauten Platz vor der Stadtpost, diente bis 1863 als Posthalterei mit Postbüro. Hier wurde 1883 der Rechtsanwalt, Reichstagsabgeordnete und Mitbegründer der KPD, Paul Levi, geboren, der ein Freund von Rosa Luxemburg war. Die Aufnahme stammt von 1911. Das Haus wurde 1953 abgebrochen.

Mit seinen beiden Äffchen als Attraktion (auf dem Dach des Wagens) machte dieser Fahrende um 1920 Station auf dem Hechinger Marktplatz.

Blick vom Kirchplatz auf das alte Gebäude der Hofkonditorei Röcker. Das Gebäude stammt ursprünglich von 1839 – mit „Zuckerbäcker-Feuerstätte". Im Jahre 1901 wurde in die frühere Wohnung ein Café eingebaut. Heute steht an der Stelle ein Neubau von 1966/67.

Abbruch des alten Pfarrhauses im August 1972.

In beiden Weltkriegen wurden Glocken aus der Stiftskirche geholt und eingeschmolzen, um daraus Kanonen zu gießen. Auf dem Bild ist die Abholung der 1837 gegossenen Jakobusglocke am 13. Juli 1917 zu sehen.

Ein nachdenklicher „letzter Blick" auf die Jakobusglocke – Stadtpfarrer Dr. Konstantin Holl vor dem Eingang zur Stiftskirche am 13. Juli 1917.

Ein Bild mit Seltenheitswert: die Stiftskirche mit historisierender Ausmalung und bunten Glasfenstern. Die farbigen Chorfenster waren eine Stiftung des Fürsten Friedrich Wilhelm Konstantin von Hohenzollern-Hechingen und wurden am 25. Juli 1869 angebracht. Die Bemalung datiert aus den Jahren 1893/94. Erst 1938/39 wurde der ursprüngliche klassizistische Zustand – ganz in Gold und Weiß – wieder hergestellt, die farbigen Fenster durch weißes Antikglas ersetzt. Teile der farbigen Scheiben befinden sich heute bei den Aufgängen zur Fürstenloge.

Während des Zweiten Weltkrieges wurden drei der fünf Glocken der Stiftskirche eingeschmolzen. Am 9. Juli 1950 kam der „Ersatz" – die Glocken wurden von Abt Conrad Winter aus Weingarten geweiht.

Investitur von Stadtpfarrer Dr. Theodor Seeger, links, am 2. Februar 1969. Er löste den fast schon legendären Stadtpfarrer Carl Baur, rechts, ab, der dieses Amt seit 1942 innegehabt hatte.

Blick in die Goldschmiedstraße, 1909.
Im Vordergrund das Manufaktur-, Kurz-
und Wollwarengeschäft von Franz-Josef
Dold, dahinter das alte Stiftsherrenhaus,
das 1870 von Hermann Wallishauser in
ein Wohn- und Geschäftshaus umgebaut
wurde.

Schneiderwerkstatt von Hermann Wallishauser in der Goldschmiedstraße, 1896.

Altar einer Fronleichnamsprozession in der Goldschmiedstraße vor dem Haus Wallishauser, um 1930. Die Erstkommunikantinnen trugen ihr Festgewand vom Weißen Sonntag.

Markantestes Gebäude in der Schulstraße ist das 1816 erbaute Schulhaus – drittes Gebäude auf der rechten Seite. Seit 1887 waren darin nur noch die Jungen untergebracht, die Mädchenklassen wurden in die frühere Fruchtschranne in der Kaufhausstraße verlegt. Seit 1929 dient das alte Schulgebäude als Wohnhaus. Rechts neben dem Schulhaus die „Conditorei" von Matthäus Sautter. Aufnahme um 1910.

Im Jahre 1767 wurde die jetzige Synagoge in der Goldschmiedstraße neu gebaut, die Fassade 1881 im Stil des Neoklassizismus verändert. Rechts neben der Synagoge das von 1830 bis 1832 erbaute jüdische Schul- und Gemeindehaus auf einer Aufnahme vor 1938. Die Synagoge wurde in den achtziger Jahren vorbildlich restauriert.

Blick in ein Klassenzimmer der jüdischen Schule neben der Synagoge, um 1900.

Bis zum Zweiten Weltkrieg betrieb Clemens Gern seine Küferei in der Goldschmiedstraße.

Auch sie waren einst in der Goldschmiedstraße zu Hause: die Kinder von Sanitätsrat Anton Ruff und seiner Frau Pauline, geborene Mayer. Die Aufnahme wurde an Weihnachten 1897 gemacht und zeigt von links nach rechts: Maria, Gustav, Tony, Anne, Paula und vorne Konrad Ruff.

54

Verschwundenes Idyll: Das Haus mit dem markanten Erker an der Ecke Schmidtestraße/Raben-
straße wurde 1999 abgerissen, nachdem sich selbst zum Preis von einer Mark kein Käufer gefun-
den hatte.

Der Runde Turm in der Rabenstraße gehört zu den spärlichen Überresten der alten Stadtmauer, die einst die gesamte Oberstadt umschloß. Ohne einen solchen Schutz blieb die in der Vergangenheit eher bäuerlich geprägte Unterstadt.

Im Jahre 1882 ließ sich der Sattlermeister Julius Runge an der Ecke Synagogenstraße/ Schmidtestraße nieder, seit 1905 der Sattler Ott. Die Aufnahme stammt von 1901.

1898 verlegte der Textilkaufmann Heinrich Hofheimer sein Hauptgeschäft in die Synagogen-
straße 3, Bildmitte. Heute befindet sich darin das Reisebüro Bühler. Das Haus war zugleich das
Wohnhaus der Familie Hofheimer. Aufnahme um 1900.

Die Schmidtestraße, vor 1905. Im zweiten Haus auf der linken Seite befand sich einst das Café „Sträßle", auf dem Gelände ist heute ein Parkplatz. Das große Haus rechts, das 1998 einem Neubau weichen mußte, gehörte früher den jüdischen Familien Bing und Löwenthal, die einen Baumwollwaren-Großhandel betrieben.

Stammtisch im Café „Sträßle". Unter den Gästen, am Tischkopf, auch der damalige Bürgermeister und Kaufmann P. Conrad Mayer (P.C. Mayer). Um 1895.

Im frühen Zeitalter der Fotografie wurde zur Not auch mit dem Zeichenstift nachgeholfen. So sind auf diesem Bild nicht nur die Konturen der Dächer teilweise nachgezeichnet, auch das Storchenpaar auf dem Unteren Turm ist lediglich hineingemalt.

Fronleichnamsprozession, um 1958. Priester und Himmel werden flankiert von Grenadieren der gerade wieder gegründeten Bürgergarde. Im Hintergrund der 1579 von Graf Eitel Friedrich I. errichtete Untere Turm. Seit dem Abbruch des Obertores im Jahre 1835 ist es das einzige erhaltene Stadttor. Die Steine des abgebrochenen Obertores wurden für den Bau des Brückenhäuschens an der Johannesbrücke verwendet – Recycling à la 19. Jahrhundert.

Winteridylle in der Stiftsgasse. Aufnahme aus der Zeit um 1939. Das Haus mit dem Verkehrsschild ist die Schreibwarenhandlung und Buchbinderei von Xaver Ulrich.

Im rechten dieser beiden Häuser am Obertorplatz lebte der Arzt und Schriftsteller Friedrich Wolf. In der Zollernstadt wurden auch seine Söhne Markus und Konrad geboren. Der eine wurde später Geheimdienstchef der DDR, der andere machte als Regisseur Karriere.

Einbiegung der Neustraße auf den Obertorplatz, um 1900. Links vorne ist noch die Daikersche Schmiedewerkstatt zu sehen, die 1935 abbrannte. Daneben das Gasthaus „Silbergroschen".

Im Jahre 1935 wurde die frühere Schmiede am Obertorplatz 1 ein Opfer der Flammen.

Anstelle der abgebrannten Schmiedewerkstatt entstand das „Kaffee Schenk",
später Café „Obertor", links. Eröffnung
hatte das neue Café am 7. Juni 1936.
Die Aufnahme stammt aus dieser Zeit,
heute befindet sich in den Räumen eine
Apotheke.

Seit 1899 führte Georg Häusel aus Owingen die Bier- und Speisewirtschaft „Deutscher Kaiser"
in der Frauengartenstraße bzw. an der Einmündung der Weilheimer Straße in die Neustraße.
Das Haus brannte 1908 ab, doch nur ein Jahr später konnte die Gaststätte in neuem Glanz wieder
eröffnen. Aufnahme um 1914.

Obertorplatz, um 1900. Das große dreistöckige Gebäude wurde 1885/86 als Stadtpost errichtet und löste in dieser Funktion die benachbarte „Linde-Post" ab. Bauherr war der Kaufmann Rudolf Metzger, der dort auch Wohnungen einrichten ließ. Über dem Portal ist ein Schild mit dem kaiserlichen Adler zu erkennen. Das Haus rechts daneben wurde um 1800 für den fürstlichen Haushofmeister Christian Heyse erbaut.

Die 1866 eröffnete „Lisel" ist eine der wenigen alten Gaststätten in Hechingen, die sich äußerlich kaum verändert haben. Aufnahme um 1910.

Schon 1762 wurde das Hotel „Linde-Post" am Obertorplatz erbaut. Von 1863 bis 1885 war hier zusätzlich die Stadtpost untergebracht. Im Tanzsaal des Gebäudes fanden zahllose Feste statt. Nach dem Zweiten Weltkrieg öffneten Hotel und Gaststätte nicht mehr, 1957 wurde das traditionsreiche Haus abgerissen. Heute steht an dieser Stelle das Verlagsgebäude der „Hohenzollerischen Zeitung".

Einweihung der neuen evangelischen Volksschule am 15. August 1889. Bereits 1857 war die evangelische Kirche, im Hintergrund rechts zu sehen, fertiggestellt worden. Beide Gebäude wurden schnell zu klein; 1905 wurde die Kirche erweitert, 1909 die Schule.

Das Kriegerdenkmal für den Deutsch-Französischen Krieg von 1870/71 wurde am Sedanstag des Jahres 1872 feierlich enthüllt. Ursprünglich stand das Denkmal, wie auf diesem Bild zu sehen, auf dem Obertorplatz, ehe es 1938 auf der Grünfläche am Ende des Kegeltorwegs aufgestellt wurde. 1967 wurde die Figur der „Viktoria" schwer beschädigt und nicht mehr restauriert.

Dieser Brunnen erhielt bei der Hohenzollerischen Gewerbeausstellung 1907 eine Goldmedaille – als Dank für diese Auszeichnung erhielt ihn die Stadt vom Hersteller geschenkt. Daraufhin wurde der Brunnen auf dem Obertorplatz aufgestellt, 1938 kam er wie das benachbarte Denkmal an das untere Ende des Kegeltorwegs. Erhalten ist nur die runde Schale des Brunnens, in der jetzt Blumen wachsen.

Das Hauptgebäude des Museums wurde 1835 für den fürstlichen Koch Bruckmair erbaut. Wenig später erwarb es Fürst Konstantin selbst, der auch den nach ihm benannten Konstantinssaal einbauen ließ. 1912 wurde noch ein Saal angefügt, der auf diesem Bild bereits zu sehen ist, links.

Arbeiterwohnhäuser auf dem First, errichtet durch den Gemeinnützigen Bau- und Wohnungsverein. Aufnahme aus dem Jahre 1904.

Hofgärtnerhaus im Fürstengarten, hinter der Villa Eugenia gelegen, vor 1896.

Hofgärtner Karl Käßmodel mit seiner Frau Magdalena, geborene Mutschler, auf einer Bank vor dem Hofgärtnerhaus im Fürstengarten. Der gebürtige Leipziger kam 1836 als fürstlicher Hofgärtner nach Hechingen. Der Heimatdichter und -schriftsteller Ludwig Egler war sein Schwiegersohn. Aufnahme vor 1896.

Das ursprüngliche, alte Eisentor an der Parkeinfahrt zum Fürstengarten schuf der Schlossermeister Johannes Breymesser aus Hechingen im Jahre 1786 – 1989/90 sehr schön rekonstruiert –, zeitgleich mit der Rotunde des Mittelbaus, die Fürst Joseph Wilhelm als „Lust-Garten-Haus" errichten ließ. Aufnahme aus den dreißiger Jahren.

Südländisches Flair mit Palmen – die Villa Eugenia, um 1900. An fürstliche Zeiten erinnern noch die beiden Wachhäuschen. Fast vollständig von Efeu umrankt sind die beiden Seitenflügel, die Fürst Friedrich Wilhelm Konstantin als Wohnsitz für sich und seine Gemahlin Eugenie 1833 an den Mittelbau anfügen ließ.

Villenbauten in der Zollerstraße, von den Hechingern einst Zylinderviertel genannt.

Wilhelm Friedrich Laur, Architekt und erster Landeskonservator, in seinem Haus in der Zollerstraße, umgeben von Objekten der von ihm gegründeten Hohenzollerischen Landessammlung, die heute im Alten Schloß zu sehen ist.

Marga Laur im Garten des väterlichen Hauses in der Zollerstraße, um 1910.

Das Haus Laur, Zollerstraße 23, wurde von seinem prominenten Bewohner 1905 selbst geplant, ebenso wie die Villa Maute, Zollerstraße 21. Wilhelm Friedrich Laur zog bereits 1912 nach Friedrichshafen. Später erwarb Landrat Paul Schraermayer das Haus.

Die Villa Wolf, heute Gesundheitsamt, wurde 1913/14 für den Fabrikdirektor Richard Wolf erbaut. Aufnahme aus der Zeit um 1914. Nach dem Zweiten Weltkrieg wohnte darin für kurze Zeit Kronprinz Wilhelm, ehe die französische Besatzungsmacht das Haus für sich beanspruchte.

Die Hechinger Bürgerwehr-Compagnie im Jahre 1905 vor der Villa Silberburg im Fürstengarten. Die „Silberburg" war ursprünglich eine Wirtschaft, 1844 ließ sie Fürst Friedrich Wilhelm Konstantin in ein Sommerhaus umbauen.

Das Reform-Realgymnasium, heute Städtisches Gymnasium, auf der Lichtnau wurde am 18. September 1909 seiner Bestimmung übergeben. Aufnahme um 1910.

Lehrerkollegium des Hechinger Gymnasiums, um 1930. Sitzend, von links gesehen: Oberlehrer Oppermann, Rektor Dr. Gfrörer, Professor Ott. Dahinter, ebenfalls von links: die Lehrer Faßbender, Kuhn, Endreß, Otto, Widmaier, Flad, Moser, Hellhake und Steidle.

Große Ausstellungshalle der Hohenzollerischen Landesausstellung für Gewerbe, Industrie und Landwirtschaft auf der Lichtnau, die vom 22. September bis zum 13. Oktober 1907 stattfand. Insgesamt zeigten 220 Aussteller ihre Erzeugnisse; zu der Schau kamen 15.000 Besucher.

Das Haus Heiligkreuzstraße 14, welches im Jahre 1999 abgerissen wurde, wurde 1820 von Domänenrat Ruff erbaut.

Die Fürstin Eugenie gründete 1839 die Kleinkinder-Bewahr- und Erziehungsanstalt in der Heiligkreuzstraße. Im Jahre 1884 wurde die Loggia vorgebaut. Im Mittelbogen befindet sich ein Denkmal für die Fürstin von dem Hechinger Bildhauer Josef Metzger. Aufnahme um 1910.

Das Hechinger Landgerichtsgebäude, vormals Königlicher Kreisgerichtshof, entstand in den Jahren zwischen 1873 und 1876, angelehnt an italienische Stadtpaläste der Renaissance.

Am 26. September 1940 brach im Landgericht ein Brand aus, bei dem das dritte Stockwerk vollständig ausbrannte. Da während des Krieges an eine Wiederherstellung nicht zu denken war, wurde auf das zweite Stockwerk lediglich ein neuer Dachstuhl aufgesetzt – und dabei blieb es bis heute.

Die Heiligkreuzkapelle ließ Graf Friedrich der Oettinger zur Sühne an der Stelle errichten, an der einer seiner Knappen einen Schuß auf ein Christusbild abgegeben haben soll. Aufnahme um 1950.

Innenaufnahme der Heiligkreuzkapelle. Im Chorraum sind Teile der Kreuzigungsgruppe vom Kalvarienberg bei St. Luzen sowie der Corpus des Weckenmann-Kreuzes vom Martinsberg zu sehen, die im November 1956 dorthin gebracht wurden. Die Seitenaltäre, heute nicht mehr in der Kapelle, stammen aus dem Jahre 1642. Das Altarbild, links, ist die Kopie einer Madonna von Lucas Cranach, rechts ein kreuztragender Christus.

Vom Ende des 19. Jahrhunderts stammt diese Fotografie des Brielhofs, einst eine fürstliche Domäne.

Der Grundstein für den Bau der dritten Burg auf dem Hohenzollern wurde 1850 gelegt, die Aufnahme – „Blick vom Thorthurm in den Burghof" – entstand während der Bauarbeiten im Jahre 1855.

Ein aktuelles Bild der Burg? Weit gefehlt: Die Aufnahme wurde Ende des 19. Jahrhunderts gemacht. Unterhalb des Kaiserturms schaut der blanke Fels hervor, auch der Wald ist noch sehr niedrig. Der Berg war ursprünglich völlig kahl und wurde erst im Zuge des Neubaus der Burg nach 1850 aufgeforstet.

Kronprinz Wilhelm und Bürgermeister Bindereif mit Mädchen in Tracht vor der evangelischen Kapelle auf der Burg Hohenzollern, um 1950.

Ein romantisches Fleckchen: der Burggarten, vor 1952. Am Gartenrand ist noch der alte Brunnen mit dem Standbild Friedrich Wilhelms IV. zu sehen, das heute hinter der katholischen Kapelle aufgestellt ist.

Im Offiziersgärtchen der Burg, heute Begräbnisstätte für Mitglieder des ehemaligen preußischen Königshauses, um 1890.

Abschied nehmen von der Burg Hohenzollern hieß es 1905 für diese Soldaten. Bis 1913 hatte die Burg eine Besatzung in Kompaniestärke, später nur noch ein Wachkommando von 27 Mann.

Eigens für die Besuche Kaiser Wilhelms II. wurde am Fuß der Burg ein Bahnhof mit repräsentativem Wartesaal gebaut. Aufnahme um 1895. Der Bahnhof selbst blieb bis heute erhalten, nur der Turm ist verschwunden.

Als nach dem Zweiten Weltkrieg zahlreiche Flüchtlinge aus den früheren deutschen Ostgebieten und aus dem donauschwäbischen Raum nach Hechingen kamen, entstanden neue Stadtviertel, wie hier der Fasanengarten, um 1950/55.

82

Blick von der Terrasse der heutigen Pizzeria „Schloßberg" über den noch unbebauten Stockoch. Rechts das im Jahre 1951 zur Versorgung des Fasanengartens eröffnete Lebensmittelgeschäft von Paul Jähnke.

Blick vom Schloßberg hinüber zur Neustraße/Weilheimer Straße, vor 1908.

Im April 1929 wurde die neue katholische Volksschule am Tobel eingeweiht, die heutige Haupt-schule. Aufnahme von 1947.

Das Schulzentrum am Tobel im Überblick: links im Hintergrund die katholische Volksschule, im Vordergrund die im September 1959 eingeweihte Berufsschule. Schräg dahinter die Turnhalle, mit deren Bau im März 1959 begonnen wurde. Noch nichts zu sehen ist von der neuen evange-lischen Volksschule, der heutigen Grundschule, die im Juli 1962 fertiggestellt wurde. Aufnahme um 1960.

Fürst Friedrich Ludwig ließ sich das Jagd- und Lustschloß Lindich im Jahre 1738 erbauen. Der umlaufende Laubengang wurde 1853 angelegt. Aufnahme um 1950.

Schon um 1850 gab es auf dem Lindich eine Wirtschaft. Der Biergarten war damals noch zur Schloßseite hin ausgerichtet. Aufnahme um 1900.

Vom Hechinger Verschönerungsverein und mit der Unterstützung von Fürst Leopold wurde der alte Wasserturm auf dem Martinsberg 1893 zu einem Aussichtsturm umgebaut. Aufnahme vor 1944.

Nur noch klägliche Reste haben sich von dem wunderschönen Kreuz auf dem Martinsberg, hier auf einer Aufnahme vor 1944, erhalten, das Johann Georg Weckenmann im Jahre 1770 geschaffen hat.

2

Feste, Feiern und Vereine

Der Elferrat der „Carnevalsgesellschaft Narrhalla Hechingen", 1914. Von links nach rechts, ste-
hend: Josef Schmid, Eugen Vetter, Gustav Buri, Stadtbaumeister Hermann Wild, Severin
Sauter, Ernst Schetter, Wilhelm Günther, Eugen Buggle, Reinhold Miller, Wilhelm Konstanzer,
„Radwirt" Rudolf Haid und im Vordergrund sitzend: „Prinz Carneval", Arpad Pick.

Severin Sauter, Präsident der Hechinger „Narrhalla", auf einer Aufnahme von 1914. Der Narrenpräsident besaß ein Kaufhaus an der Staig, heute Reisebüro Fauser, und war Mitglied der Museumsgesellschaft.

Fasnetsumzug auf dem Obertorplatz, 1887. Auf dem Wagen links hat eine „Lumpenmusik" Platz genommen, ein Beleg, wie alt diese Tradition in Hechingen ist. Das eingerüstete Gebäude rechts ist die neue Stadtpost und heute die Drogerie Zink.

Prächtige Umzüge – mit bis zu 30 in mühevoller Kleinarbeit hergestellten Umzugswagen – waren das Markenzeichen der Hechinger Fasnet vor 1900. Die Aufnahme entstand um 1887.

Dicht an dicht standen die Menschen bei diesem Fasnetsumzug auf dem Marktplatz. Für den Wagen mit den Narrenräten war da kaum ein Durchkommen, 1925.

Im Jahre 1925 fand der erste große Fasnetsumzug nach dem Ersten Weltkrieg statt. Er stand unter dem Motto „Alt-Hechingen".

Sechs Paare aus der Zeit des Biedermeier: Fasnetsgruppe der Familien Schetter, Staudacher, Kalbacher, Simmendinger und Schmid, um 1930.

Hechinger Fasnetsmusik, 1914.

Hechinger Narrensamen: Walter und Else Ballof als Clown und Rotkäppchen, um 1910.

Ein kostbares Stück hatten diese Schüler des Gymnasiums bei ihrem Fasnetstreiben dabei: den originalen Schellenbaum des hohenzollerisch-liechtensteinischen leichten Infanteriebataillons (1824-1849). Aufnahme von 1927.

Alte und Narrenrat im „Museum", um 1970: vorne links Stefanie Rudolph und Hildegard Oberle, dahinter Adolph Rudolph und Hans-Toni Wiest, um 1970.

Zu Beginn der sechziger Jahre wurde der Schalksnarr als weiteres Kostüm der „Narrhalla" einge-
führt. Damit sollte an die Tradition der „Hofnarren" in Hechingen angeknüpft werden.

Der Untere Turm – mit Storchennest – als Motiv eines Umzugswagens Ende der sechziger Jahre, begleitet von den Butzen.

Auf Safari in Afrika ging diese Gruppe bei einem Fasnetsumzug um 1960. Im Hintergrund das Autohaus Merkel in der Bahnhofstraße.

Urgesteine der Hechinger Fasnet: Albert Röcker, links, und Paul Buckenmaier, um 1960.

Vogt und Vögtin, dahinter die Ehrengespielinnen beim Kinderfestumzug im Jahre 1937.

Festakt vor dem Rathaus. In der Mitte Bürgermeister Bindereif (hinter ihm ein Bild des Feststifters Fred West), links die Zwölfer und rechts die Ehrengespielinnen auf einer Aufnahme vom ersten Kinderfest im Jahre 1936.

Dem Zeitgeist entsprechend waren bei den ersten Kinderfesten altgermanische Sagen besonders beliebt. Hier ein „Gefolgsmann der Brunhild".

Hagen mit Gefolge. Aufnahme um 1936.

Die Limonade und das „Weckle" schmeckten schon damals. Aufnahme vom ersten Kinderfest 1936.

Mädchengruppe mit Lorbeerkränzen und Tannenzweigen, 1936.

Ein herzhafter Biß in die heiße Rote – Vögtin und Ehrengespielinnen beim ersten Kinderfest nach dem Krieg, 1949.

Der „Zirkus Zäpfle" war beim Kinderfestumzug im Jahre 1949 mit von der Partie.

Beim Empfang des Prinzen Wilhelm von Preußen, des späteren Kaisers Wilhelms I., am 22. September 1850 hatte die Kleine Garde ihren ersten Auftritt. Die Jungen im Alter von 11 bis 15 Jahren wurden von einem Unteroffizier ausgebildet und exerzierten vor dem Prinzen. Aufnahme um 1855. Die Tradition der Kleinen Garde wurde im Rahmen des Irma-West-Kinder- und Heimatfestes 1936 wieder aufgegriffen.

Die Kleine Garde beim Kinderfestumzug auf dem Marktplatz, um 1960.

Auf diesem Bild übergibt der Hauptmann der Kleinen Garde, Anton Eisele, einem „Zwölfer"
seine Festkleidung. Aufnahme von 1937.

Die Seifenkistenrennen gehörten lange Zeit zum festen Bestandteil der Kinderfeste, zunächst, hier eine Aufnahme von 1949, ging es von der Stiftskirche die Neustraße hinunter, später fanden die Rennen am Tobel statt.

Flotter Flitzer beim Seifenkistenrennen im Jahre 1949.

„Nur kleine Geister glauben nicht an Hechingens Fußballzukunft" – das Motto dieser Gruppe war 1949 augenscheinlich so aktuell wie heute …

Die erste Erwähnung Hechingens als Stadt 1255 wurde 700 Jahre später groß gefeiert: Höhepunkt der Festtage war ein Festzug am 7. August 1955, zu dem 30.000 Zuschauer kamen. Dargestellt wurde die Geschichte der Stadt – vom Mittelalter bis ins Biedermeier. Die als Pagen verkleideten Umzugsteilnehmer tragen die Wappen der altzollerischen Gemeinden.

Einladung in das Mittelalter – Ritter mit zollerischen Wappenschilden beim Stadtjubiläum, 1955.

Das „orpheische Hechingen" lockte berühmte Musiker wie Franz Liszt, Louis Spohr oder Hector Berlioz an den Musenhof des Fürsten Friedrich Wilhelm Konstantin. Dies ist ebenfalls eine Aufnahme vom Stadtjubiläum.

Fürstliches Hofleben mit galanten Rokoko-Kavalieren und Damen mit ausladenden Reifröcken – auch das war natürlich ein Thema der 700-Jahr-Feier 1955. Insgesamt nahmen an dem Umzug 17 farbenprächtige Gruppen in 400 historischen Kostümen mit 16 Umzugswägen und 50 Pferden teil.

Im Wettstreit gegen 34 Konkurrenten holte sich der Männerchor des Hechinger Musikvereins im Sommer 1898 unter der Leitung von Karl Eisenmann beim Schwäbischen Sängertag in Ludwigsburg den ersten Preis. Grund genug für ein Gruppenbild vor der Villa Eugenia. Allerdings ist darauf nur die Hälfte der 56 Sänger abgebildet – eventuell die Vorstandschaft und Fahnenträger.

Im Sommer 1969 fand das 11. Landesmusikfest in Hechingen statt. Über 1.400 Musiker kamen zu diesem Treffen. Auf dem Bild ist die Fahnenübergabe an die Hechinger Stadtkapelle vor dem Rathaus zu sehen.

Das erste Gruppenbild der neugegründeten Hechinger Bürgergarde vor der Villa Eugenia, 1951.

Unter dem Motto „'s Pfeifchen glüht" ließen sich diese Tabakfreunde im Jahre 1900 vor der aufgemalten Silhouette von Stadt und Burg fotografieren.

Der 1905 gegründete Hechinger Radfahrerclub nahm 1922 mit großem Erfolg am Radfahrerfest in Reutlingen teil. Die Bevölkerung bereitete den heimkehrenden Radlern einen begeisterten Empfang. Bei diesem Anlaß entstand auch die Aufnahme oben.

Der Hechinger Turnverein bei seinem 40jährigen Stiftungsfest auf der Lichtnau am 27. September 1924, im Hintergrund das Gymnasium.

3

Die Stadtteile

Bismarck-Denkmal in Beuren

Ein Beurener Wahrzeichen ist der von Verehrern des Fürsten Bismarck im November 1909 aufgestellte Bismarck-Stein, ein 110 Zentner schwerer Granitfindling aus dem Schwarzwald. Zuvor standen auf demselben Platz Bismarck-Eichen, doch die waren von Gegnern des früheren Reichskanzlers gefällt worden. Der Granitfindling scheint den Bismarck-Gegnern zu schwer gewesen zu sein: Er steht noch heute dort.

Hechingens höchstgelegener Stadtteil Beuren ist von Wald umgeben – und so paßt dieses Bild von einer Vesperpause bei der Waldarbeit, um 1940, gut in das Gesamtbild. Ganz rechts ist der später bei einem Jagdunfall tödlich verunglückte Förster Alfred Hofer zu sehen.

Auch Beuren hatte einst sein eigenes „Lädle" – davor steht der Ortsbauernführer und Feuerwehrkommandant Xaver Nerz, 1940.

Waschtag in der Bismarckstraße 20 in Beuren, um 1950. Die fleißigen Wäscherinnen sind Hedwig Poschmann und ihre Mutter Elisabeth Nerz.

Mit dem Ochsenkarren unterwegs war der frühere Bechtoldsweiler Bürgermeister und erste Ortsvorsteher Karl Binanzer, um 1960.

Erstkommunion in Bechtoldsweiler, um 1960.

Übermütige Bechtoldsweiler Jungmannschaft, um 1940.

Die „Handlung" von Albert Kaupp in der Boller Dorfstraße 10, um 1910. Zu kaufen gab es dort „Spezerei-Waaren" und „Ellen-Waaren".

Vor dem Gasthaus „Hirsch", 1950: Pia Balb, Maria Bausinger, Theresia Hoch, Anton Ott und Anita Ott.

Stolz präsentieren sich diese jungen Männer aus Boll mit ihren Bierkrügen vor dem Gasthaus „Hirsch", um 1920. In der hinteren Reihe von links: Anton Daiker, Erwin Löffler und Eugen Wolf; vorne sitzend: Anton Hauser und Josef Ott.

Kurzes Glück beim Fronturlaub, in der Nähe von Boll, um 1940.

Die große Politik war Thema bei dieser Fasnet in Boll, um 1955.

Vor dem Haus Bröllerstraße 1 in Boll: Oswald Hunger mit Frau, Schwiegertochter und Enkelkindern, 1939/40.

Diese Arbeiter der Schuhfabrik Schiele in Boll ließen sich um 1920 fotografieren. Die Schuhfabrik Schiele, später Hohenzollerische Schuhindustrie, hatte ihren Hauptsitz in Stetten, unterhielt über längere Zeit aber auch eine Filiale in Boll hinter dem Gasthaus „Hirsch".

Wasserfall in Schlatt, 1914.

Hochzeit in Schlatt, 1952. Das Bild zeigt den Hochzeitszug auf der heutigen Professor-Schuler-Straße. Er führte von der St.-Dionysius-Kirche in das Gasthaus „Zur Sonne". Im Hintergrund das damalige Anwesen von Anton und Anna Bulach.

Im Jahre 1947 wurde Schlatt durch den Freiburger Erzbischof von der Filialgemeinde zur selbständigen Pfarrkuratie ernannt. Das Bild zeigt die Einsetzung des ersten Pfarrkuraten Josef Traub am 1. Mai 1947. Der Seelsorger wurde im damaligen Schlatter Pfarrhaus – hinten links, gegenüber dem Bahnhof – abgeholt und mit Musikkapelle und Fahnen zur Kirche begleitet.

Die frühe Aufnahme einer Dreschmaschine im Einsatz entstand vor dem Haus Buckenmaier in der Sickinger Valentinstraße, vor 1930.

Schlachttag in der Sickinger Achalmstraße vor dem Haus Bogenschütz, vor 1930.

Bauernhaus Grall mit „Lädle" gegenüber der Kirche in Sickingen, vor 1914.

Fanfarenzug Stein auf einer zwischen 1935 und 1938 entstandenen Aufnahme.

Zwei neue Glocken erhielt die Pfarrkirche in Stein 1927 – die Freude darüber währte jedoch nicht lange. Im Zweiten Weltkrieg wurden beide wieder eingeschmolzen … Die 1832 erbaute Pfarrkirche von Stein hatte die Hechinger Stiftskirche als Vorbild. Den Turm fügte Wilhelm Friedrich Laur 1901 an.

Italienische Gastarbeiter in Stein beim Bau der Strecke der Hohenzollerischen Landesbahn Richtung Haigerloch, 1912. Zweiter von rechts ist Romolo Marchi, der eine Steiner Bürgerstochter heiratete – und so zum Großvater des langjährigen Ortsvorstehers Gerd Schollian wurde.

Alte Ortsansicht von Stetten. Die Silhouette wird dominiert von der langgezogenen Klosterkirche, im Hintergrund die Burg Hohenzollern. Die hochgotische Kirche stammt aus dem 13. Jahrhundert und diente lange Zeit als Grablege der Grafen von Zollern.

Stolz ziehen diese Jungen ihren mit Krautköpfen gefüllten Wagen. Umzug zum Erntedankfest in den dreißiger Jahren.

Erstkommunion in der Stettener Klosterkirche auf einer Aufnahme aus den dreißiger Jahren. Im Hintergrund der Altaraufsatz von 1750, links das neun Meter hohe Sakramentshäuschen aus dem 15. Jahrhundert.

Stettener „Maikönig" und „Maikönigin" (Hilda Haag), um 1935.

43.000 RM kostete der Umbau des Stettener Schul- und Rathauses 1936. Finanziert wurden die Arbeiten durch zusätzliche Einhiebe im Gemeindewald sowie durch Staatszuschüsse. Darüber hinaus wurden die Bürger dazu aufgefordert, durch „Spann- und Arbeitsleistungen am geplanten Werk mitzuwirken".

Das erste Auto in Stetten besaß der Schuhfabrikant Schiele. Am Steuer des Wagens sitzt Rudolf Baum.

Ortsansicht von Weilheim, um 1950.

Drei Weilheimer Bienenzüchter vor ihrem kunstvoll gestalteten Bienenhaus im Garten von Lehrer Remigius Pfeffer, 1913. Am Bienenhaus stehend Remigius Pfeffer, links Julius Wiest, rechts Friedrich Riester.

Dreschmaschine und alter Lanz-Traktor in der Weilheimer Thomasstraße, 1938.

Die Heimat entdecken!

Von Kiel bis Wien, von Aachen bis Görlitz: Entdecken Sie Alltagsgeschichten aus Ihrer Heimatstadt!

Leben in der Großstadt ...

Tauchen Sie ein in das quirlige Großstadtleben vergangener Tage. Spazieren Sie über breite Boulevards und stürzen Sie sich ins Nachtleben. Erkunden Sie ihre Stadt durch die Fensterscheiben einer Straßenbahn oder des ersten Käfers und bewundern Sie prächtig geschmückte Schaufenster.

... und ländliche Idylle

Wie sah das Leben in Ihrer Heimat aus, als die Bauern noch mit Pferden pflügten und jedes Dorf seinen eigenen Schmied hatte, jeder noch jeden kannte und das Leben sich zwischen Kirche, Wirtshaus und Wohnküche abspielte?

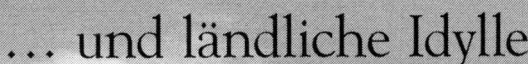

Erinnerungen an die Schulzeit …

Erinnern Sie sich noch an die Zeiten von Abakus und Schiefertafel, an Klassenausflüge oder den ersten Taschenrechner? Blicken Sie zurück auf große Klassen und gestrenge Schulmeister, entdecken Sie auf Klassenfotos Freunde und Bekannte von früher!

... und das Arbeitsleben

Entdecken Sie, wie sich das Arbeitsleben in den letzten hundert Jahren verändert hat. Werfen Sie einen Blick in Fabrikhallen, blicken Sie Handwerksmeistern bei ihrer Arbeit über die Schulter und erinnern Sie sich an den Einkauf im Tante-Emma-Laden.

www.suttonverlag.de

Gesellige Stunden im Verein ...

Fußballclub und Schützenverein, Musikkapelle und Gesellenverein: Schauen Sie zurück auf Volksfeste und Turniere, Chorproben oder Prunksitzungen. Erinnern Sie sich an schöne Stunden und das gesellschaftliche Leben in Ihrer Heimat.

… und im Familienkreis

Werfen Sie einen Blick in die Wohnzimmer vergangener Tage und entdecken Sie, wie sich zwischen schweren Eichenmöbeln, Nierentischen und Ikea-Regalen der Alltag verändert hat. Erleben Sie Familienfeiern und Weihnachtsfeste im Wandel der Jahrzehnte mit.

Zeitfracht Medien GmbH
Ferdinand-Jühlke-Straße 7
99095 Erfurt, Deutschland
produktsicherheit@kolibri360.de

Druck:
CPI Druckdienstleistungen GmbH
im Auftrag der
Zeitfracht Medien GmbH
Ein Unternehmen der Zeitfracht - Gruppe
Ferdinand-Jühlke-Str. 7
99095 Erfurt